# 오후의 지퍼들

배옥주 시집

서정시학 시인선 074

서정시학

늘 거기까지일 것이다

나무 선착장이 수평선을 기다리는 일은

섶다리에 귀를 대고

재갈매기들이 줄지어 엎드려 있다

먼발치에서 구름이 쉬어가고

기다려본 사람은 안다

기다림이 끝나는 곳에서 다시 기다림이 시작된다는 것을

　　　　　　　　　　　—「섶다리에 앉아」중에서

오후의 지퍼들

## 시인의 말

나는 나의
미완의 자유 속으로 걸어 들어가
……
나는
날마다 나를 포란한다
난생의,

2012년 12월 초겨울
배옥주

‖ 차례 ‖

시인의 말 | 5

# 제1부

석류의 방 / 13
사바나에서 블랙커피를 / 14
물의 집 / 16
구름을 수리하다 / 18
꽃등 / 20
팽나무의 실향 / 21
고스트, 고스트 / 22
달맞이꽃 / 24
아바시 아다의 노래 / 26
비단개구리에 대한 경외 / 28
3월 장마 / 30
오후의 지퍼들 / 32
붉은 난을 치다 / 34

## 제2부

델타δ파 / 37
북콘서트 / 38
단축다이얼 4 / 40
금샘에 올라 / 41
하나의 몸짓에 닿기까지 / 42
글 씨 / 44
미친년 프로젝트 / 46
소리사슬 / 48
감천문화마을 / 50
추락하는 안경 / 51
물만골 마법 / 52
습식사우나 / 53
이 많은 언니들을 / 54
블라인드의 여자 / 56

제3부

오늘의 메뉴 / 59
우유를 굽는 저녁 / 60
섶다리에 앉아 / 62
바퀴 하나가 어느 날 / 64
네 개의 장면, 혹은 / 65
길 아래 집이 있다 / 66
문탠로드 / 68
푸른 옷의 무희 / 70
퉁! / 72
런치타임 / 74
가변열차 / 75
부활 1 / 76
부활 2 / 78
둥근 내력 / 80

제4부

나무의 스토리텔링 / 83
효심요양원 / 84
리모델링 / 86
어떤 속력 / 88
깡통시장 / 89
호수정형외과 / 90
모텔 The # / 91
자화상 / 92
빙하기를 찾아서 / 93
3호선, 지하철 / 94
시치미를 떼다 / 95
황색 편지 / 96
별책 / 97

**해설**- 시와 경험적 진실 그리고 사랑- **신동욱** /98

# 제1부

## 석류의 방

 새 울음소리가 들렸다 들여다보면 여자의 실루엣이 둥글게 몸을 웅크리고 있다 붉은 유태인의 자화상 같은, 밤의 지층마다 여자는 뜨거운 얼음벽을 쌓았다 몇 개의 상실로, 몇 개의 치욕으로, 석류는 익어갔다 들녘 끝 멀어져가는 가을의 등, 창을 열면 캄캄한 분화구 저쪽 새가 날아올랐다 스무한 살, 방 안 가득 새 울음소리만 남아 있다 죽음보다 더 붉은,

## 사바나에서 블랙커피를

카페 사바나에 앉아
가젤의 눈빛을 읽는다 수사자가 되어
툭툭 바람의 발자국을 털어낸다

바위비단뱀의 혓바닥 같은
찻잔 위로 검은 유목민들이 떠다니고
소용돌이로 끓어오르는 암갈색 눈알들
야자나무 그늘이 내려오는 창가로
말굽 먼지를 일으키며 지평선이 달려온다

성인식을 치른 힘바족 처녀들이
내 두 개의 덧니 사이로 걸어 나오고
유두 같은,
검은 향기를 혀끝으로 음미한다

폭풍우 지나간 손바닥 위에
블루마운틴 한 잔을 올려놓으면
대륙의 어디쯤에서 깃털의 영혼이 나부끼고

아라비카 전생의 내가 보인다 하얀 손바닥과
희디흰 눈자위를 가진 처녀가
유르트 같은 찻잔 속에서 어른거린다

이제 막 흑해의 붉은 달이 떠올랐다

## 물의 집

언니가 죽은 지 열 달 만에
형부는 새장가를 갔다
일 년 만에 만난 그는
물방울 넥타이를 다질링 홍차로 누르고 있다
일곱 살 때 형부로 만난 남자가
눈물 몇 방울로 추억을 버무리는 사이
'오후의 홍차' 창가로 흘러내리는 오후
개업행사 치킨집 앞 피에로는
긴 막대기로 비눗방울을 날리고 있다
닿기만 하면 터지는 물의 집
저건 어쩌면 비누의 상처가 살고 있는
투명한 집인지도 모르겠다
외면하고 싶었던 시간들이 남천 열매처럼
창가에 매달려 흔들리는 동안
탁자 밑 젖은 발이 아려온다
두 해 겨울을 건너뛴 부츠가
잊었던 기억을 물집으로 달아준 것일까
분노를 삭힌 걸음을 숨기며

허공을 내려올 때
기어코 물집이 터지고 말았다
뒤축에서 아린 울음이 쏟아져 나왔다

# 구름을 수리하다

도무지 안 읽혀요, 꼭 복원해야 합니까?
해부하던 구름을 심드렁하게 밀치는 Y씨

자꾸 다운되던 아버지의 징후가 왠지 불안했어요
눈가 주름이 파르르 떨리곤 할 때
백업하지 않은 건 제 불찰이에요
햇무리아버지 새털아버지 안개아버지
새 폴더마다 그려진 꿈들은
자유롭게 하늘을 떠다닐 거라 믿었어요

머리 위에서 운석이 충돌했나?
마른번개 번득이는 날
프로그램 깨진 아버지의 동공을 뒤적여요
먹통구름에 매달린 산소호흡기 떼어내기 전까지
내장된 하드는 생생할 거라 생각했어요

빗나간 일기예보 경로를 추적하는 구름수리공 Y씨
천둥소린 공허해!

중얼중얼, 감염된 데이터를 해체하네요

복제 개 스너피의 새끼처럼
사학자가 발굴한 왕의 자서전처럼 재생하고 싶어요
한 줄기 빛의 입맞춤으로
하늘의 꽃이 될 수도 있을 저 구름을*

장기를 이식한 하늘에서 진화한 구름이 쏟아져요

* 타고르: 먹구름은 한 줄기 빛의 입맞춤으로 하늘의 꽃이 된다네.

## 꽃등

 여든 할미가 노망들었다고 쑥덕거리쌌지만, 내가 해마다 발톱에 봉숭아물 들이는 거는 다 이유가 있는 기라, 열일곱에 시집와 가꼬, 그 다음해 내가 살던 마실이 물에 안 잠갔나, 아직까정 내 가슴에 남아 있는 거는, 시집도 안 간 처자들 맨치로 돌담마다 수줍게 피어나던 봉숭아꽃인 기라, 고때 가시나들 때깔 좋은 꽃잎 똑똑 따서 우물가에 앉아가, 돌빼이로 곱기 찧고 손톱 발톱 봉숭아 이파리로 한나절을 싸맸다 아이가, 그라면 고 아릿하고 가슴 콩닥콩닥 뛰는 꽃내가 골목을 지나 동구밖까정 등천하는 기라, 멀리 강 건너 마실 총각들 설레가 밤잠을 설치고, 고향이라 카는 그기 사람 사는 근본인데, 돌담마다 애기재기 피던 봉숭아꽃하고 깔깔 웃어쌌튼 동무들은 다 어데 간 긴지, 이 세상 어느 구석에 있기나 한 긴지, 이래 꽃물 들이고 나문 내사 마, 발톱마다 환하이 꽃등을 키고 밤마다 수십 질 물속 마실 댕겨오는 기라, 고향 가는 길 죽을 때까정 안 이자뿔라고

## 팽나무의 실향

재개발지역 벌목이 한창이다
평온한 가족사들 뿌리째 뽑혀나간다
잡목들이 나동그라진다
쥐며느리들 뿔뿔이 흩어진다
햇살은 마을을 짓뭉갠다
팽나무가 부르르 몸을 떤다
인부들이 강제이주를 서두른다
삼백년 고당 한 채 굴삭기에 끌려나온다
두루마기 입은 당산나무 의연하다
우지끈! 숲이 나동그라진다
팽나무어른 눈 부릅뜨고 지켜보신다

## 고스트, 고스트

구름 위로 죽은 자들의 말이 떠오른다

열아홉에 자살한 언니는 할머니가 되었고
할머니는 어린애가 되어 칭얼거린다
산모롱이를 휘감는 안개비
바깥을 떠다니는 내 뒷모습이 녹아내린다

낯선 새들이 자귀나무를 쪼아댄다
분홍화관을 접은 가지들이 웅성거리고
내 눈에서 흰 개미들이 기어나온다

한 차례 구름 떼가 쏟아지고
시트 위로 눌린 가위들이 흩어진다
외로웠던 나무들이 날아오르자
늙어버린 언니가 달려온다
다리에 재빨리 신을 신기는 순간
허기진 할머니가 나를 쪼아 먹는다

자귀나무 그늘 아래
잃어버린 아이들이 수건돌리기를 한다
팔이 잘린 아이와 손을 잡고
내 몸을 빌려 입은 할머니와 혼곤한 오후를 논다

입구가 통로이며 출구인 구름 속에서
등 뒤에 떨어진 흰 손수건을 배웅한다

## 달맞이꽃

엄마가 돌을 던져요
돌팔매질은 번번이 내 슬픔을 비켜가요
포플린 치마 속으로 저녁강물이 흘러가고
따라오지 마!
갈라터진 엄마 목소리가
아린 귓바퀴를 흔들어요

엄마는 달의 꽃잎 속으로 사라지고
머뭇거리는 울음이 길바닥에 넘어져요
눈물에선 왜 강물 냄새가 나는 걸까요
굳어버린 발등 위로 기적소리가 달아나요
기차를 삼킨 목구멍이 터널마냥 아득해져요
골목 어귀 흩어진 돌멩이들 반짝이는
별을 툭툭 걷어차며 집으로 돌아와요

아버지는 술병 속에 엎어져 있어요
마루에 쏟아진 아버지를 닦아내요
무릎에 가슴에 흰 몽오리가 맺혀요

한 무더기 바람이 미닫이문을 흔들어요
나는 쇠비름처럼 돋아나는 엄마를 죽여요
달맞이꽃 피는 달의 언덕
수만 송이 내가 노랗게 태어나요

## 아바시 아다의 노래

검은 버팔로 세 마리가 날아왔다
말라위 쳇사에서 건너온 항공우편
뽀글머리 아바시 아다는
크리스마스 선물로 보내준
흰 염소보다 키가 크다
분홍치마 밑으로 드러난 새카만 발등
초원을 달리던 발가락들은
아이! 아오! 노래를 흥얼거린다

호수에선 물고기들이 튀어오르고
나무 위론 파파야들이 날아오르고
간호사가 되고 싶은 아다는
불룩한 배를 씰룩거리며
하얀 덧니를 드러내며
당신을 사랑한다 고백한다
한 번도 만난 적 없는 내게

염소가 덩달아 노랠 부르면

아라비카 익어가는 숲으로 달려가
나도 따라 노랠 부른다
아이! 아오! 아이! 아오!

# 비단개구리에 대한 경외

파란불 켜진 횡단보도
비단개구리 한 마리 건너가고 있다
차들 멈춰선 사이를
가장 느린 걸음으로
가장 절실한 몸짓으로
실크로드를 건너가는 대상처럼
차마고도를 오르는 수도승처럼
사람 하나 건너지 않는 8차선 도로
개구리가 오체투지 가고 있다
그의 수행은
우거진 풀숲을 버리고 아파트 빽빽한
문명의 도시를 관통해 보는 것
천천히 그러나 필사의 힘으로
가끔은 주위에 둘러선 차들을 쳐다보면서
8차선 사막을 휘적휘적 끌고 가고 있다
초개 같이 저를 버리고서야 얻는 구도
잠시 뒤의 죽음을 아는지 모르는지
볕이 비수처럼 내리쬐는 한낮

비단 옷자락을 걷어붙인

붉고 푸른 수행 하나가

뜨거운 설산을 건너가고 있다

# 3월 장마

빗소리는 반지하로 스며들지
재래시장 뒷골목
라디오 심야음악방송은
스타카토로 별 없는 밤을 노래하지

노루발 틈새에서 재단되는
여자가 젖은 채 접혀 있지
갈퀴를 세운 비는 며칠째 계속되지

재봉된 여자가 제 몸을
박음질하지 드르륵드르륵
가끔씩 졸음은 손등을 박고 지나가지
색색의 실밥을 입에 물고
실토리에 여덟 식구를 감고 있지
잔업수당 4,500원에 허기를 삼키지

지상으로 오르는 문은 닫히고
창밖으로  검은 장마가 흘러내리지

곰팡이 피어나는 골목이
붉은 하수구로 떠내려가지

## 오후의 지퍼들

지퍼를 열자 여자들이 쏟아진다
입 밖으로 뛰쳐나오는 수다들
아이들이 쏟아지고 남편들이 쏟아지고
루비똥이 쏟아지고 포르쉐가 쏟아지고

엘콘도파사 속으로 빨려가 회오리치는
수다들의 향연
왼쪽으로 저었다가 오른쪽으로 저었다가
도덕이 쏟아지고 애인이 쏟아지고
주상복합단지가 쏟아지고 콘도가 쏟아지고

바다가 보이는 카페 '오후 3시'
나른한 평화가 쏟아진다
저마다 속내 하나씩 지퍼 안에 감추고
벌어진 지퍼를 닫을 줄 모르는 지퍼들
에스프레소를 삼키며 재개발이 쏟아지고
마키아토를 저으며 주식이 쏟아지고

창밖엔 지퍼를 열어
오늘의 갈매기를 날려 보내는 수평선
원피스 속, 어제보다 뚱뚱해진 다리를 감춘 채
오후 3시의 지퍼를 열고
우아하게 걸어 나가는 지퍼들의 뒷굽

# 붉은 난을 치다

칼바람이 난을 치네
바람의 모필이 능선을 일으키네
둥근 달집 속으로
날개를 태우며 불새들이 날아가네

묵향을 물고 가는 수천의 부리
마지막 한 획까지
서늘한 화염을 휘갈기네
붉은 발목 자르고 달아나는 억새
절명의 숨소리로 불의 낙관을 찍네

벼랑을 끌어안은 달의 속필
선담후농의 부작난不作蘭*
활활活活
허공의 이마에 걸어놓네


* 추사 그림.

제2부

## 델타 δ파


 의료사고를 분석하는 변호사 얼굴에 파리가 앉았다 생방송은 방송사고를 냈다 의료사고전문가와 진행자의 웃음이 터졌다 걷잡을 수 없이 전파되는 웃음을 쫓지 못한 것이 화근이었다 아니다 손사래로 쫓아내도 다시 날아와 붙는 파리가 화근이었다 아니다 관계자도 아닌 똥파리가 생방송에 참여한 게 화근이었다

 엄마의 뇌파는 델타파다 두 달이 넘었다 환자를 방치한 응급실 주말 메뉴얼이 의료사고를 냈다 주치의도 아닌 당직 레지던트가 쏟아지는 졸음을 쫓지 못한 것이 화근이다 아니다 엄마의 기저핵에 봉합된 저산소증이 화근이다 아니다 66일째 델타파에 갇힌 엄마의 의식불명이 화근이다 아니다 델타파도 모르면서 의료분쟁에 뛰어든, 쫓아내도 악착같이 들러붙는 똥파리가 화근이다

# 북콘서트

지하철 북하우스
'나무그늘 아래서'로 가자

팔짱을 끼고 여자들은
붉은꼬리여우가 되어
유리앵무새가 되어
다섯 평 나무그늘 아래
저녁을 내려놓자

오카리나를 불고
작은 북을 두드리며
지상에서 가장 아름다운
시를 들려주자

*삼월三月에 눈이 오면*
*샤갈의 마을의 쥐똥만한 겨울 열매들은*
*다시 올리브빛으로 물이 들고**

담장에 걸터앉은 고양이에게
고양이 등에 걸터앉은
초승달에게
저녁의 평온 위로 둘러앉는
순한 눈빛들에게

장미를 뿌리자
빈 가슴마다 잃어버린
별을 달자

* 김춘수의 시 '샤갈의 마을에 내리는 눈'에서 인용.

## 단축다이얼 4

"지금 거신 번호는 없는 번호입니다
다시 확인하고……"
다이얼 4를 길게 누르면
나의 여왕은 여전히 출타 중이다

엄마의 오솔길엔 찔레 향기 깊어지는데
솔숲 사이로 바람의 옷자락이 휘날리는데

슬픔 조아리는 텃밭엔
생전生前이 피었다 지고
나의 여왕은
즐겨 앉던 의자를 이렇게 오래 비워두고

은수저 혼자 달그락거리는 아침
귓바퀴 속으로 두런두런 걸어오는 음성, 돌아보면
아득해지는 강 건너
새 한 마리 날아오르고
하루에도 몇 번씩
닿을 수 없는 결번을 눌러 본다

## 금샘에 올라

그때 사방에서
수천 마리 금빛 물고기들이
날아오르는 것이었는데
함박눈 같은
산수유 꽃몽오리 같은
아찔한 눈부심들이
허공을 헤엄치다
사자바위로 거북바위로
범어사 삼층석탑으로
내려오는 것이었는데
나신裸身의 여자가 두 팔 벌리고
수천 마리 물고기를
몰고 오는 것이었는데
더러는 금정마을이 되고
더러는 고당봉이 되고
황금빛 수면의 아우라에
그만 눈이 멀고 말았는데

## 하나의 몸짓에 닿기까지

하나의 몸짓이
또 하나의 몸짓에 닿기까지

내딛는 걸음이
천년 전 잃어버린
사랑을 찾아 더디게 이어진다

발끝을 세워 건너가는
시간의 바다와 산맥 사이
고장난 벽시계에서
뻐꾸기가 튀어나왔다 사라지고

퍼포먼스는 느리게 시작된다
너를 훔치는 전위란

갈색머리를 쓸어내리며
한 잔의 차를 마시는 사이
심장 속으로 파고드는

잭나이프의 차가운 살의殺意

다시 닿을 수 없는 천년이
흘러내린다

# 글 씨


막내삼촌이 십 년 만에 보낸 편지를
읽어 달라 두 귀 모으던 할머니
잘 개켜진 공책에
글, 씨를 심어 놓았다
언제부터 뿌려놓았던 씨앗일까?
꾹꾹 눌러 심은 글밭에서
쓰고 지우며 갈아엎었던 문장들
삐뚤빼뚤 촉을 틔우고 있다
호미 같은 손가락으로
모종에 매달린 답장을 솎을 때면
당신을 맴돌았을 말의 떡잎들
*악아, 보고십따*

공책 칸칸마다
흙을 털고 일어서는 글의 씨앗
지금쯤 어느 이랑에서 꽃을 피울까
무덤 같은 받닫이를 닫으면
청상으로 늙은 할머니가

끙!
한 권의 압화로 눕는다

가갸거겨 떨어져나온 글씨들이
내 안의 텃밭에서 굴러다닌다

## 미친년 프로젝트*

칼을 든 어제의 여자가
상한 고등어를 토막내고 있다
능소화를 머리에 꽂은 오늘의 여자는
꽃밭에 누워 구름을 헹가래친다
내일의 여자가 담장 밖 가죽나무로 기어올라
공중의 계단을 잠옷차림으로 내려간다

필름에 갇힌 88사이즈의 몸들
바디라인은
전시실 바닥에 울퉁불퉁한 제 그림자를 새긴다
다리미 얼굴, 반쪽 사과 얼굴, 골드메리 시든 얼굴들
거세되지 않은 꿈들이
저마다의 컨셉을 걸치고 킬킬거린다

베개를 끌어안은 제1의 여자가
간선도로에서 어슬렁거린다
치마를 말아 올려
제 음부를 들여다보던 제2의 여자는

미술관 벽에 얼굴을 묻는다

미친년들이 미친년을 비웃는 서사구조

머리에 붉은 칸나를 심을 것!
옷섶을 풀어 어제 죽은 새를 날려 보낼 것!
케첩 같은 웃음을 잃지 말 것!
그러나 그 웃음이 반드시
오른쪽이나 왼쪽 15도로 흘러내릴 것!

\* 박영숙 사진전 名.

## 소리사슬

열람실에는 소리 떼가 산다
책갈피 사이에서
서랍 안쪽에서
끄는 뒷굽에서
소리는 소리를 삼킨다

소리의 아메바가 무성생식을 한다
먹히지 않으려고 소리는
구석으로 구석으로 숨어들지만
뒷덜미를 잡히고 만다

휴대폰 진동음에서
부스럭대는 과자봉지에서
다릴 끄는 걸상 무릎에서
더 은밀하게
더 과감하게 진화를 거듭한다

소리가 소리를 잡아먹는

고요의 열대림에서
야성의 소리들이 어슬렁거리고 있다

## 감천문화마을

담쟁이넝쿨 휘감은 집들이
공중에 층층 뿌리를 내리고 있다
마당마다 감천항을 들여놓은 동네
오를수록 비상구는 멀어진다
겨울 텃밭들 푸성귀 힘겹게 밀어 올리는
물고기 내장 같은 골목이 이어지고
'어둠의 집,' '빛의 테라스'들은
섬이 되어 표류한다
페인트를 뒤집어쓴 담벼락 위
천연색 인면조들 고개를 돌리고
청테이프로 함구한 유리창은 끝내
눈길 한번 주지 않는다
시큰둥한 문화들이 난바다로 떠도는 프로젝트
초록 담벼락과 보라 지붕과 노랑 옹벽을 지나
레고 같은 집의 발치에 쪼그리고 앉으면
쿨럭쿨럭 파도소리 등 뒤에 드러눕는다

## 추락하는 안경


전철바닥에 떨어진 나는 가장 낮은 자세가 된다
쥐고 있던 자신을 놓친 줄도 모르고
꿈을 꾼다 눈을 감으면 더 잘 보이는 곳에서

같은 어둠을 바라보는 두 개의 원 안으로
난청의 신발이 드나든다
복병은 도처에 있다
툭, 나를 차버린 구두가
궤도 밖으로 튕겨나간 오늘을 외면한다

전동차 문이 열릴 때마다
바람은 늘 게릴라 전법을 쓴다
일용직을 기다리다 돌아가는 틈새로
난시의 풍경이 굴러가고
할로겐 불빛은 졸음을 비빈다
어두운 골목 끝에 앉아 있을 안개의 집
종착역을 꺼내보는 얼굴은
어제보다 휘어지고
굉음 같은 나날을 아무도 찾아가지 않는다

## 물만골 마법

재개발 주택가 옥상
야광 별 스티커를 단 물탱크들이
비행접시처럼 떠 있다
빨래들이 신호기를 흔들자
비행군단은 푸른 주문을 외운다
"살라가둘라 메치카불라 비비디 바비디 부!"
하늘 아래 산 번지 물만골
생애 한번은 마법에 걸리고 싶은,
은하를 향해 창문이 달그락거리는 골목
저녁이면 날개를 펴는 물탱크들이
일제히 이륙을 시작한다
우주 저쪽
꿈꾸는 행성을 향해,

## 습식사우나

김 서린 문을 열면,

밀림이 펼쳐진다 올리브나무에 오른 붉은귀거북들 젖은 얼굴을 두리번거린다 악어 이빨에 찢긴 스콜은 지중해로 달려간다 열대우림 속에서 나는 원시림의 푸른 출구를 찾는다

오랑우탄이 버둥대는 새끼의 목덜미를 끌어안는다 원시인 루시의 달아오른 두개골을 타고 땀방울 뚝뚝 흘리는 저들은 오스트랄로피테쿠스의 몇 대 손일까 진화한 유인원들이 젖가슴 출렁이며 끝이 보이지 않는 구릉을 오른다

뜨거운 손잡이를 밀면,
모래시계 속으로 숲이 사라지고
잘 익은 지중해의 처녀들이 쏟아져나온다

## 이 많은 언니들을

언니들이 조화처럼 둘러선다
국화 향기 앞에서
문화센터 언니들이 분향을 한다
모두의 어머니가 된 엄마가 하얗게 웃는다


몇 해 전 죽은 언니가
이렇게 많은 언닐 보내주다니!
소복 뒤로 잠시 눈물을 밀쳐놓으면
팔랑팔랑 슬픔 사이로 날아다니는
검은꼬리제비나비들의 왁자한 화분花粉

혼자 지키던 빈소
한 무리의 날갯짓으로 소란해지고
문틈 사이로 스며드는 한기가
검은 망토를 휘날려도

북어포를 찢어주며

과일을 담아내며
밤이 깊을수록 더 왁자해지는
이 많은 언니들의 즐거운 배웅에
국화 같은 엄마가 하얗게 웃고 있다

## 블라인드의 여자

웃음이 터지려하자
재빨리 얼굴에 방어벽을 치는 그녀
푸른 메니큐어 바른 블라인드는
또 하나의 그녀를 덮어 쓴다
애써 감추려 할수록
손가락 사이로 드러나는 수줍은 잇몸

이젠 차양을 걷어내고
두려움 밖으로 성큼 걸어 나와야지
그래야 해말간 덧니도 드러나고
두터운 입술도 드러나고
나 밖의 나와 내 안의 내가 하나가 되지
목울대 저 너머 기쁨이나 슬픔의 속살
발가벗은 채로 풀어내고
안타까운 술래들 안심시키지

수줍은 덧니 사이로 거울이 열리고
웃음이 웃음에게 말을 건다
하늘 머금은 표정들이 입 밖으로 쏟아진다

# 제3부

## 오늘의 메뉴

회칼이 허공을 내리친다
안녕!
잘린 두 토막이 엉겁결에 작별을 나눈다
영문을 모른 채 눈알을 뒤룩거리는 우럭
뒤늦게 낌새를 알아차린
대가리는 사력을 다해 튀어 오른다
반전은 무기력해지고
칼을 쥔 손목이 마지막 몸부림 위에 꽂힌다
한껏 벌어진 칼의 아가리는
더 이상 끊을 숨통이 없는지 두리번거린다
익숙한 솜씨의 횟집 사내가
제 눈꺼풀로 제 주검을 덮는 머리통 아래
저며진 메뉴를 가지런히 담는다
'은퇴를 금퇴로'
'퇴퇴퇴' 삼창이 끝나고
젓가락이 활어처럼 요동친다
체념이 끓여낸 매운탕 한 그릇
명부冥府에 오른 오늘의 메뉴가
뜨거운 살점을 뜯고 있다

## 우유를 굽는 저녁

우유를 구워달라 했다는
어느 시인의 아이를 떠올린다

단란하게 구워진 식탁, 그들은
나들이에서 따온 들판과 초록의 새소리와
양털구름을 구워
저녁을 차렸을 것이다 음! 맛있는 웃음이

굽기를 잃어버린 우리 집 부엌엔
적막이 발효되고 있다
장마에 모서리가 눅눅해진 식탁
안개꽃 너머
가족사진이 드라이플라워처럼 흐려진다 오래
비워둔 옆 자리를 만지면
푸석, 저녁의 추억이 스러진다

방금 구운 풀밭을 퀵으로 받고 싶어!

남겨진 것들의 유효기간이 길어질 때
시간이 말라붙은 촛불을 켜놓고
초인종 소리를 초대한다 어서 와!

초승달과 별을 얹은 미니머핀을 굽고
오늘은 우리도 우유를 구웠단다
맛있지? 애야!

## 섶다리에 앉아

늘 거기까지일 것이다
나무 선착장이 수평선을 기다리는 일은

섶다리에 귀를 대고
재갈매기들이 줄지어 엎드려 있다
먼발치에서 구름이 쉬어가고

기다려본 사람은 안다
기다림이 끝나는 곳에서 다시 기다림이 시작된다는 것을

부은 발등 위로
낚싯배들은 하루의 어로를 묶고
나무섬, 형제섬, 모자섬
가끔씩 섬들이 안부처럼 떠밀려온다

다리에 앉아 몰운대를 바라본다
수평선 너머로 바람이 내걸리고

발끝에 와 닿는 밀물
두어 발자국의 머뭇거림

꼭 그만큼의 거리에서 되돌아서고 만
너를 기다리는 일이 그랬다 섶다리처럼

## 바퀴 하나가 어느 날

기습이었어
길은 바퀴를 몰고 갔어
급브레이크는 고양이 한 마릴 낚아챘어
아스팔트는 질끈 눈을 감았어
길바닥에 스키드 마크가 그어졌어
바람은 허공을 움켜쥐었어
라디오에선 May Be가 흘러나왔어
길을 건너려던 그림자가 사라졌어

기습이었어 퇴출은
급소에 검은 발톱을 내리꽂았어
방향이 휘청거렸어
길을 다 건너지도 못했어
아파트 불빛이 두 팔 벌리고 있었어
만첩 홍매가 후사경 안으로 뛰어들었어
낯익은 문장을 휘갈겼어

*이 백미러를 믿지 마시오!*

# 네 개의 장면, 혹은

#1

새장에 갇힌 사내가 공중에 떠 있다. 창살 속의 새처럼, 허공에 걸린 생애처럼. 천둥소리가 흘러내리는 하늘 아래 얼굴을 묻고.

#2

공동묘지 위에 앉은 사내가 날개를 펼친다. 소름 돋는 들판에서 날개를 퍼득이는 장닭 한 마리 쏟아지는 달빛을 쪼고.

#3

사내가 비상을 꿈꾼다. 갈매기에 묶인 지상은 먼 바다로 표류하고 사내를 태운 모래톱은 수평선 밖으로 밀려나고.

#4

폭설에 묻힌 그림자. 이 혹독한 겨울을 어떻게 탈출할 것인가. 태양은 정수리를 녹이고. 쩡쩡 얼음을 찢으며 가창오리 떼 날아오르고.

# 길 아래 집이 있다


골목 끝에 함석집이 엎드려 있다
간판이 처마에 걸린 도림철학관
길 아래 집들의 어깨를 감싼다

도화살 낀 바람이
복사꽃을 건드릴 때마다
양철대문이 흘깃 돌아본다
부적처럼 내건 갱 영화포스터가
반 지하 담벼락에 너덜거린다
누군가를 향해 탕!
한 발의 총성이 날아간다

평생 올라가보지 못한 길 위에
시멘트 계단이 무지개를 걸치고 있다
비닐 창 너머 얇은 귀를 모으고
토정비결을 엿듣는 하루살이들
쪽집게 처방에 접힌 날개를 퍼득인다

역술인의 돋보기 뒤로
주술 같은 향이 피어오르는 저녁
판자지붕을 누르는 폐타이어 그림자가
청태 낀 우물 속 제 얼굴을 들여다본다
"윤 팔월에 무슨 얼어 죽을 구설수?"
봉다방 미스 김이 하이힐을 찍어대며
가파른 층계를 올라가고 있다

## 문탠로드


 거긴, 바람이 부니? 시체가 달빛에 걸렸겠구나 철조망을 타넘던 파도는 피를 흘리고 그믐달의 뒷모습은 고독해 수평선이 기울면 마그리트가 과대망상에서 걸어 나올 거야 바다 위에 띄운 피레네산맥이 뒤뚱거리진 않을까? 공중에 떠 있는 바위는 곤달걀을 먹는 것보다 신선한 불안이야 하늘이 수만 볼트의 충격을 쏟아내나 봐 꿈자리가 뒤숭숭한 물고기들이 갑판 위에서 죽음의 데칼코마니를 찍고 있어 곧 가짜들이 해일처럼 몰려올 거야


 여기도, 태풍이 강해 외로운 섬은 발작을 일으켰어 턱을 치켜세운 탐조등이 거짓말을 탐색할 때 빗발은 정조준으로 내리꽂혔어 까마귀 울음은 새카맣게 타고 소나기는 무릎이 깨졌을 거야 불면에 시달려도 편견을 깨고 나와, 절망도 생의 한자락이야

저기서, 쓰나미가 들이닥치고 있어 흰수염 고래를 타고 이곳을 벗어나야 해 사라진 오브제가 마중 나와도 당황하지 마 곧 어둠이 덮치겠지만 푸른 별이 떠 있는 선글라스를 벗으면 안 돼 북서풍이 몰아칠 거야

## 푸른 옷의 무희*


플러그를 꽂는다
꽝꽝나무가 비명을 지르는 밤
태평양나이트 네온사인이 저녁을 채색한다
가지마다 걸린 보리등 불빛은
해변로의 팔짱을 낀다

발광포를 켜고 헤엄치는 심해어
어둠의 아가미를 찢는 물고기들은
제 통점마다 울음주머닐 매달고 있다
바람이 불면
포충망에 걸린 지느러미가 파닥거린다

오르스크에서 우랄산맥을 헤엄쳐온 무희는
꽝! 꽝! Rock의 해일에 떠내려간다
공기방울을 밀어내는 부레처럼
외로운 것들은 스스로 상처를 꺼내 발광發光한다
열린 돔 꼭대기로 취한 별이 뜨고
금빛 실러캔스들이

은하로 은하로 헤엄쳐가고 있다

\* 드가의 그림

# 퉁!

팽팽한 그늘 아래
십 원짜리 화투판이 벌어진다
낙장불입, 안면몰수
인연 끊은 큰 며느리 패대기치듯
비 쌍피와 흑사리 쭉정이를 싹쓸이하는
108호 송여사
쪽! 찐한 입맞춤에
틀니에 끼었던 농담이 빠져나온다
박분이 노인회장
시집살이보다 매운 남편 잔소리에
만사 귀찮은 하루를 퉁 친다

퉁!
퉁!
폭염이 지나고
한때의 급류가 지나고
패를 뜨지 않은 내일이 서둘러 지나간다

거둬들일 수 없는 낙장들이 둘러앉은
한여름 오후
정자 지붕을 퉁!
늙은 구름이 지나간다

# 런치타임

오전 열한시에서 오후 네시
패밀리레스토랑은 할인된 잇밥을 꿰어준다
반값에 집어된 사람들이
찌 아래 현란한 미끼를 탐색한다

번호표를 떡밥처럼 들고 기다리다
원두커피 두어 모금에 몽롱해지는 런치
는 무료한 일상에 무료한 린치를 가하는 일
유혹의 메뉴를 슬쩍 건드려보는
전망 좋은 창가엔 벌써
미늘에 물린 고객들이 담소 중이다

훈제연어 누운 테이블에서
나이프와 포크가 바쁘게 엇갈린다
다이어트용 샐러드 바에 몰입하는 여자들
갓 구워낸 호밀빵의 무한 리필이
목구멍에 걸린다 낚싯바늘을
눈치 채지 못한 아가미 몇 들썩이고
커튼 뒤 낚시꾼의 망태가 입맛을 다신다

## 가변열차

 기차소리 덜컹거리는 시장 모퉁이, 만삭의 그녀가 선짓국을 끓인다 녹슨 레일 같은 도마 위에 한 사내가 누워 있다 벼랑 끝을 달리던 지난날의 궤도, 지워버리고 싶은 입덧 사이로 협궤열차가 떠올랐다 가라앉는다 '기찻길옆 국밥집' 간판 위로 지나가는 낡은 기적, 가마솥에서 불면의 밤들이 끓어넘친다 거품을 걷어내면 다음 생은 환해질까 국물 속에서 졸아드는 그믐, 사내는 끝내 돌아오지 않을 것이다 어둠은 참았던 하혈을 시작하고 차선을 바꾼 기차가 그녀의 입속으로 들어간다, 덜컹,

## 부활 1

아바타를 구매할 때마다
나는 다시 태어난다
생머리 흑인 첼시가 지루해지면
식스팩 근육질 클릭!
나는 어느새
눈썹 위에 피어싱을 한
탄탄한 CEO가 된다

비행물체를 타고 1번 문 클릭!
경제포럼에 참석한 외계인들이
회의장 가득 파스텔톤 숨결을 내뿜고 있다
모니터에 바짝 심야를 당기며
타원형 뇌파를 분석한다

다시 7번 문 클릭!
열광하는 유럽기자들이 몰려 있다
삼성케녹스와 번개팅하는 광장 가득
K-POP이 겅중거린다

나는 화면 가득 들여놓은 몰디브를 기부하고
근래 조성한 인공섬에서
죽어야 꽃피우는 선인장을 심는다
하늘까지 뻗는 가시를 잘라
초대형 신발을 제작한다
가시밭을 떠도는 폐인들이
죽은 신발에 제 발을 맞춘다

## 부활 2


늙어버린 왕자가
어린 왕자의 영혼을 매달고
게스트로 앉아 있는 듀란듀란 공원
나는 낯선 여자들과 딥키스를 나누고
우주정거장으로 날아간다
지겹게 탐시선을 기다리는 동안
체리시거에 숨겨진 보물지도를 분해하고
불타는 담배를 폭죽처럼 흩뿌린다

내 생애 두 번째 지도가 클로즈업되는
6번 문 앞으로 정전이 급습한다
마우스를 움켜쥔 사내들이
플랫폼에 버티고 서서
도스토예프스키 열차가 오기를 기다린다
재부팅을 갈망하는 초조한 모니터 안에서
나를 노려보는 눈빛 하나
블루칼라로 장식한 눈시울에서 살별이 흘러내린다

세컨드라이프의 요염한 입술 언저리
후쿠시마 원전의 불꽃 타오른다
걷잡을 수 없는 사랑
네이팜탄으로 쏟아지는 매혹적인 나날이
생의 패인을 물고 나른하게 흔들린다

## 둥근 내력


"장은 사람이 보이야 되는 기라"

참숯 가지런한 바닥으로 스미는 어머니 말씀
갈빛 바람이 곰삭은 간장 한 종지 뜨면
발효된 누대가 고스란히 보인다
무릇
사람이 스며야 제대로 맛이 든다는

크고 작은 장독 사이로
할머니와
할머니의 할머니와
할머니의 할머니의 할머니들이
두런두런 약지로 맛보는 둥근 내력
"며늘 손맛이 갈수록 야무지다카이"
뼈대 있는 종갓집 추녀가 어깨를 치켜세우는

시간이 시간 속으로 녹아들어간
오래된 장의 가계
들여다보면 어느새 보름달이 떠오르는

제4부

## 나무의 스토리텔링

그 나무는
백 년 만에 깨어났어
달빛창가에서
행운목이 수작을 걸어왔어
밤마다 자라는 손가락들이
내 귀를 어린왕자의 전갈자리로 끌고 갔어
하얀 이야기가 피어나는 새벽이면
길어지는 손가락마디를 분질러
가지에 걸어두었어
여섯 손가락이 된 그날부터
내 귀는 하나야

잎사귀는 한 개의 귀를 버려야 해
나무에 얽힌 설화가 눈을 뜨는 아침
꽃잎을 씹으면
내 안에서 터지는 물소리
백 년 동안 고독했던 나무가 말문을 틔웠어

## 효심요양원


여행을 떠나는 아이처럼
뒷자리에 앉아 있다 아버지는
고개를 넘을 때마다
어깨 너머로 처음 같은 질문을 던진다
엄마 어디 가?
백미러 안에서 빈 이마를 쓸어 넘기며
뒤통수에 붙어앉은 노구
차들은 끊임없이 돌아 내려가고
숲은 끝없이 돌아 올라간다

깊어진 노을은 산자락을 넘어가고
활짝 웃는 가족사진과 은수저 한 벌
순장품처럼 움켜쥐고 있다 아버지는
기슭으로 쓸려갔다 벼랑으로 쓸려오며
또 어떤 시간을 잃어버리고 있는 걸까
바퀴에 엉겨붙은 오르막이 지칠 때쯤
요양원 표지판이 깜빡인다

돌아가는 길 알려주려고
아버진 가지를 꺾고 있는 것일까
투둑! 회화나무 부러지는 소리
돌아보면 아버진 웃고
효심요양원 불빛은 구덩이처럼 깊어지고

# 리모델링


강변 펜트하우스
초고층 그녀 앞에
입주 전
유혹의 견적을 내미는 '명작 인테리어'
금박 프로필을 번들거리며 회심의 미소를 짓는다

콧대 높은 그녀가
우아한 각선미를 뽐내는 팔십 층 기둥 위
우물 천정을 볼우물만큼 파내기 위해
여자는 마취주사를 맞는다
채 숙성되지 않은 타일을 깨며
근육질 숙련의가 시술을 시작한다
문틀 광대뼈를 깎아내고 드릴이 뚫어놓은
구멍으로 실리콘을 주입한다

대형 벽난로는 노을보다 붉다 아직
마취에서 깨어나지 못한 팬트하우스
내일이면 주근깨 잭의 얼굴로

나선형 층계를 휘돌아 대기권 위로 솟아오를

콩나무 덩굴 위에서
테라스 샹들리에가 흔들리는 밤
내벽의 뼈가 제거된 거실 한 켠 여자는
처진 눈가에 아이크림을 바르고 있다

## 어떤 속력

노란 깃발이 길을 막는다
치솟는 불기둥이 저녁을 불사른다
어떤 속도가 도로 한복판에서
엉겼을 것이다 잠시의 망설임도 없이
비상등이 줄지어 깜빡인다
차에서 내린 몇은
짜증 섞인 오줌을 갈기고 몇은
가까이 가려다 제지를 당한다
불똥이 노을에 옮겨 붙는다
길 한가운데서 눈 맞은 저 짓거리
한판 격정이 끝날 때까지
플레게톤을 건널 수 없다
훌훌 옷을 벗어던지는 허공의 무아지경
염천의 팔월을 건너가는 새 울음이
먼 산에서 까무러친다

## 깡통시장

오직 깡 하나로 버텨온 깡통시장
아홉 개에서
열 개가 가짜인 골목을 들추면
빈 깡통소리 요란하다

내가 아닌 내가 되는 사람들이
난전마다 펼쳐진 신기루를 둘러본다

바다와 대륙을 건너온
팬디, 샤넬, 알마니가
가짜일수록 진짜 같은
가면을 덮어쓰고 있다
진열대 뒤에 눈빛을 숨기고
앞다퉈 앉아 있는 짝퉁들
지나가는 발목을 붙잡는다

한 시절을 건너가야 한다면
여기선 깡통이 깡통을 견뎌야 한다

## 호수정형외과


가지마다 연골이 찢어진 낙우송
뒤틀린 무릎을 감싸안은 외래환자들이
호숫가에 줄지어 기다리고 있다
호수는 땅 위로 불거져 나온
석순 모양의 통증을 진단한다

타원형의 분수가
고주파 클리닉을 하는 호수정형외과
시든 이파리들이
수면 위로 기울어진다

호숫가에 배롱나무 후박나무 늘어서 있다
낙엽을 깔고 앉은 노파들이
갠지즈강에 발을 담그는 고행처럼
오래 앓은 무릎의 그림자를 헹구어낸다

# 모텔 The #

악어는 도심의 습지에서
사냥감을 기다린다
가끔씩 송곳니 사이로
악어새도 날리면서
황홀한 먹잇감을 찾는다
검은 주둥이 속으로
재빨리 들어가는 승용차들
밀림 속 호수, The #
생의 음계를 반 음쯤 올리고 싶어
물가로 내려오는 누 떼들
불야성의 네온사인이 반짝인다
권태로운 너와 나를
권태로운 나와 너를
바람의 허밍을 들으며 살큼
뒤꿈칠 올려보는
The # , 구름 위의 붉은 방

## 자화상

심심이와 카톡을 한다
심심할 때 부르면
어김없이 대답하는
어플 가상 친구

심심이와 심심을 주고받는다
고분고분 대화하다가
동문서답이거나
혼잣말을 하거나
딴청을 부린다
무료할 때 부르면
곧장 달려나와 맞장구 쳐주는

하루가
내일이
구름이
밑도 끝도 없이 심심할 땐
심심이가 있어 심심하지 않다

# 빙하기를 찾아서

티티새가 우는 한낮의 등 뒤
바람은 창틀에 목을 맨다
살아남은 것들이 열병으로 쓰러지고
벌레들은
서쪽으로 거처를 옮긴다

TV에서 코끼리가 냉장고를 열고 나온다
달아오른 체어맨에서
아로마 향기가 녹아내리고
라디오에서 스티비원더의 소울이 흘러내린다

열기 등등한 밤이 깊어질수록
일기예보는 또 빗나간다
달궈진 담벼락을 건너
빙하기로 떠나는 털이 긴 고양이들

해빙점이 한 겹씩 옷을 벗을 때
무리를 이탈한 새끼 펭귄이 기립박수를 보낸다

## 3호선, 지하철

전동차는 몸을 불려
좀비들을 적재한다
얇게 구겨진 독설과
땀 냄새가 뒤섞인다

질주하는 러시아워
여덟 량의 납골묘가
어둠의 아이티로 간다

창에 어리는 무표정들이
흘러내리는 얼굴을
간신히 붙잡고 있다

어둠 속 갱도를 지나
신도림역이 도착하고
죽음에서 깨어난 시체들이
황급히 오늘을 환승한다

비상등이 조등처럼 깜빡인다

# 시치미를 떼다

손사래를 치자 알리바이가 터져 나온다
검은 모자 속에서
수건으로 감싼 손목에서

햇볕은 살인적으로 내리쬐고
시치미는 시치미를 떼며
자신을 위장한다

그의 먼 조상은 매사냥꾼
앙다문 시치미 사이로
여자아이의 붉은 울음이 찢어진다

구름 뒤의 낮달이 증언하는 한낮
말아 올린 꼬리를 개처럼 흔들면서
시치미는 새파랗게 커진다

풍선 하나 날아가는 공중
시치미 뗀 매 한 마리가
서쪽 하늘을 맴돌고 있다

# 황색 편지

아찔한 로드킬을 피해
저금리의 꼬리를 흔들며 밤새 달려온
솔로몬 캐피탈, 토마토 캐피탈
언제 혹성을 탈출할지 모를,
주인을 찾아 어슬렁거리는 파이낸셜이
긴 혀로 잉크를 핥아댄다
주인 같은 목소리로 짖는 햇살론
뒤지는 서랍마다 담보는 없다
복날 영양탕 대신
빈속을 채우는 헬리코박터균
희망대출 소식은 퇴출되지만
내일 아침이면 다시 달려올
변함없는 팩스, 캐피탈

## 별책


  수성도서관 어린이실
  시각장애소녀가 아트북을 만드네
  책장마다 별을 오려붙이네
  촉각 그림책에 별이 돋네

민들레가 노란 별똥을 쌌어요 저녁 짓는 엄마 냄새 같아요, 피노키오 거짓말은 또 일 센티 자랐어요 토성이 낀 귀고리처럼 달랑거려요, 물병자리로 이사간 주머니도서관에서 도깨비들이 줄넘기를 하네요 혹을 뗀 혹부리 할아버지 혹보다 큰 웃음주머니에서 함박별이 쏟아져요

  소녀의 눈빛이 총총, 그림책에 박혀 있네
  이야기를 넘길 때마다 야광별이 뜨네
  사다리를 타고 오른 아이가
  책속에 가득 열린 별을 따네

■해설■
# 시와 경험적 진실 그리고 사랑
— 배옥주의 시세계

신동욱(문학평론가)

여러 예술창작에서 창작자의 개성이나 그 표현의 고유한 기법은 존중되어야 한다. 그럼에도 불구하고 동시에 한 예술가의 개성이나 기법은 고유한 특성이 감상자들에게 공감을 일으키고 미적 감흥을 일으켜야함을 전제로 한다. 배옥주의 시세계에는 그의 개인적 표현에 독특한 지적 감각이 스며 있다. 사물탐구의 상상력과 풍경묘사를 통한 정서를 간접적으로 승화하고 인생에 대한 사유를 자유롭게 관망하며 때론 위트로, 때론 통찰의 힘으로 자신이 위치한 시 공간을 폭넓게 조율하고 있다.

배옥주의 시는 디지털 시대의 신세대 의식에 뿌리를 대고 있다. 그것이 현실적이든 환상적이든 간에 그가 호흡하는 감각적 취향은 과학과 새로운 문명과 감각의 고도한 촉수를 시적으로 강화시키는 데서 오는 묘미와 진정성을 결합하고 있다. 이러한 예리한 의식의 발현은 풍자적 장치에 비판적 의의를 제어하고 또 수용하는 것을 볼 수 있다. 그의 삶이 노정하는 시대적 빛깔이 선명하게 형상화되면서 지나간 시간의 순수성과 차별화되는 또 다른 미적 사각지대를 끌어낸다. 그의 시는 당시대의 정서와 비교해봄으로써 시가 요구하는 다양한 지향점을 심화시킨다. 그런 의미에서 배옥주의 사유는 언어들이 시적 개별성을 투사하는 한편 시가 개척하고자 하는 즐거움과 비애까지도 지극히 자연스런 구조에 의탁해 실현된다.

카페 사바나에 앉아
가젤의 눈빛을 읽는다 수사자가 되어
툭툭 바람의 발자국을 털어낸다

바위비단뱀의 혓바닥 같은
찻잔 위로 검은 유목민들이 떠다니고
소용돌이로 끓어오르는 암갈색 눈알들
야자나무 그늘이 내려오는 창가로
말굽 먼지를 일으키며 지평선이 달려온다

성인식을 치른 힘바족 처녀들이
내 두 개의 덧니 사이로 걸어 나오고

유두 같은,
검은 향기를 혀끝으로 음미한다

폭풍우 지나간 손바닥 위에
블루마운틴 한 잔을 올려놓으면
대륙의 어디쯤에서 깃털의 영혼이 나부끼고
아라비카 전생의 내가 보인다 하얀 손바닥과
희디흰 눈자위를 가진 처녀가
유르트 같은 찻잔 속에서 어른거린다

이제 막 흑해의 붉은 달이 떠올랐다

─「사바나에서 블랙커피를」전문

 등단작 「사바나에서 블랙커피를」에서는 동일한 이미지군의 언어상상력이 직관적인 리듬과 결합하고 있어 유려한 상상력의 진폭이 활달하다. 공간확장과 아울러 시인의 사유까지 확장되는 언어운용의 치열함이 돋보인다. 이 시는 전 5연의 환상적 구조를 이루고 있다. 도입과 결미의 안정적 설정에 맞추어 환상적인 제재는 디지털시대에 있어서 시가 기대하는 새로운 감각을 창출한다. 도입부에서는 현대적 의미의 시간과 공간이 공유하는 배경설정을 통하여 시의 의도를 암묵적으로 드러낸다. "유목민"과 "야자나무 그늘"과 "지평선"이 투사하는 라틴 아메리카의 정서적 감성을 끌어와서 제재로서의 "블랙커피"가 요구하는 시각적 감각을 형상화하고 있다. 특히 "힘바족 처녀들의 유두"에 이르러 또 다른 염정성이 생성된다. 나아가서 "깃털의 영혼"과 "흰 눈자위 처녀"의 유연성과 특유의 깊은 미각을 발굴해냄으로써 현대적 속성이 지닌 지난 시간과의 차별화된 서정을 구축하고 있다.

이 시는 배옥주의 시에 있어서 새로운 감각적 묘미를 노정하고 있으며 일말의 풍자적 성정을 통한 비판적 의식을 가미하고 있다. 지난 시대의 서정에 차별화된 현대인의 정서를 고양함으로써 신세대 의식의 현주소를 시적구조에 대입하고 있다. 시적 궁극성은 즐거움과 비애가 함께 드러내는 정서적 가치이다. "찻잔 위를 검은 유목민이 떠다니"는 이미지 조형으로 예술이 요구하는 쾌락과 배설을 충족시키는 동시에 비애에서 묻어나는 삶의 속성을 구체화함으로써 "블랙커피"의 제재적 깊이를 한층 더 심화하고 확대해 나가는 의의를 만나게 된다. 뿐만 아니라 "힘바족 처녀의 유두"에서 발현되는 즐거움과 비애를 놓칠 수 없는 것이다.

언니가 죽은 지 열달 만에
형부는 새장가를 갔다
일 년 만에 만난 그는

물방울 넥타이를 다질링 홍차로 누르고 있다
일곱 살 때 형부로 만난 남자가
눈물 몇 방울로 추억을 버무리는 사이
'오후의 홍차' 창가로 흘러내리는 오후
개업행사 치킨집 앞 피에로는
긴 막대기로 비눗방울을 날리고 있다
닿기만 하면 터지는 물의 집
저건 어쩌면 비누의 상처가 살고 있는
투명한 집인지도 모르겠다
외면하고 싶었던 시간들이 남천열매처럼
창가에 매달려 흔들리는 동안
탁자 밑 젖은 발이 아려온다
두 해 겨울을 건너뛴 부츠가
잊었던 기억을 물집으로 달아준 것일까
분노를 삭힌 걸음을 숨기며
허공을 내려올 때
기어코 물집이 터지고 말았다
뒤축에서 아린 울음이 쏟아져 나왔다

— 「물의 집」 전문

「물의 집」에서는 지적 관찰력과 날카로운 투시로 삶속에 녹아 있는 사랑의 체험적 진실을 끌어내고, 감각적인 통찰로 현실이해의 깊이에 천착하고 있다. 새로 개업한 치킨집의 피에로가 날리는 "비눗방울"은 닿기만 하면 터지는 "물의 집"이다. 새장가를 든 형부와 다질링 홍차를 마시는 화자는 언니의 죽음과 형부가 버무리는 추억 사이에서 "물"이라는 오브제를 차용한 이미지의 변주로 자신의 상처를 각인시키고 있다. 몇 해 만에 꺼내 신은 부츠 때문에 "발뒤꿈치에 물집이 잡히고," 그 "물집"이 터져 "울음"이 나온다는 시적 진술을 하고 있다. 여기서, "물집"은 언니의 죽음으로 마음 깊이 고였던 슬픔이 터져나오는 경험적 진실과 적절히 융합되어 있다. "물방울 넥타이-비눗방울-물의 집-비누의 상처-투명한 집-물집-울음"으로 "물"에서 파생되는 이미지들은 독자에게 화자의 마음을 전달하는 매개체가 된다. 전 시대의 시인이 한이나 민족적 고통을 언어화 할 때 여러 가지 수사법으로 간접화시켜 일상적 사물을 통한 공감을 얻었다면, 21세기의 시인들은 오늘의 생활과 세태를 예각화된 안목으로 포착하고, 일정한 언어조작에 지적으로 개입하고 있다. 배옥주의 「물의 집」은 절제된 표현의 지적 인식을 바탕으로 형상화되어 있다.

여든 할미가 노망들었다고 쑥덕거리쌌지만, 내가 해마다 발톱에 꽃물 들이는 거는 다 이유가 있는 기라, 열일곱에 시집와 가꼬, 그 다음해 내가 살던 마실이 물에 안 잠갔나 -중

략-고향이라 카는 그기 사람 사는 근본인데, 돌담마다 애기
재기 피던 봉숭아꽃하고 깔깔 웃어쌌튼 동무들은 다 어데 간
긴지, 이 세상 어느 구석에 있기나 한 긴지, 이래 꽃물 들이
고 나문 내사 마, 발톱마다 환하이 꽃등을 키고 밤마다 수십
질 물속 마실 댕겨오는 기라, 고향 가는 길 죽을 때까정 안 이
자뿔라고

—「꽃등」 부분

「꽃등」에서는 원초적인 땅을 잊지 못하는 생래적 의식이,
손톱에 봉숭아꽃물 들이는 행위로 다루고 있다. "사람 사는
근본"이 되는 "고향"은 깊게 또는 다정하게 우리의 의식을
이루는 중요한 부분이 된다. 「꽃등」에서는 몰지각한 개발의
목적에 맞추어 소멸된 고토에 대한 고통을, 경상도 사투리
를 쓰는 여든 할미의 시각을 빌려 간접비판하고 있다. 독특
한 언어구조로 수몰된 고향의 소멸에 대한 아픔을 승화시키
는 「꽃등」은 곧 우리 모두의 자아가 이룩한 삶의 중심축인
것을 반추하게 한다.

  프로그램 깨진 아버지의 동공을 뒤적여요
  먹통구름에 매달린 산소호흡기 떼어내기 전까지
  - 중략 -
  한 줄기 빛의 입맞춤으로

하늘의 꽃이 될 수도 있을 저 구름을

—「구름을 수리하다」 부분

  의료사고를 분석하는 변호사 얼굴에 파리가 앉았다 생방송은 방송사고를 냈다 의료사고 전문가와 진행자의 웃음이 터졌다 걷잡을 수 없이 전파되는 웃음을 참지 못한 것이 화근이었다 아니다 손사래로 쫓아내도 다시 날아와 붙는 파리가 화근이었다 아니다 관계자도 아닌 똥파리가 생방송에 참여한 게 화근이었다

  엄마의 뇌파는 델타파다 두 달이 넘었다 환자를 방치한 응급실 주말 매뉴얼이 의료사고를 냈다 주치의도 아닌 당직 레지던트가 쏟아지는 졸음을 쫓지 못한 것이 화근이다 아니다 엄마의 기저핵에 봉합된 저산소증이 화근이다 아니다 66일째 델타파에 갇힌 엄마의 의식불명이 화근이다 아니다 델타파도 모르면서 의료분쟁에 뛰어든, 쫓아내도 악착같이 들러붙는 똥파리가 화근이다

—「델타θ파」 전문

  시적 화자가 말하고 싶은 경험적 내용들은 시대적 배경이 다르더라도, 그 내용이 공통적인 것일 때 공감을 유발하게 된다. 시인의 존재를 암담하게 하는 것은 가족의 병환이다. 시인은 스스로 초월할 수 없는 절망의 시간 안에 갇혀 발버

둥치지만, 벗어날 수 없는 비애는 막막할 뿐이다. 「구름을 수리하다」, 「델타δ파」는 "구름"이나 "똥파리" 등의 시적 조사나 비유에서, 지난한 비애의 질감을 깨달을 수 있고, 「단축다이얼 4」에서도 위무받을 수 없는 인간의 원초적 비애에 동참한다. 무기력한 시인은 사소한 그 무엇도 전개할 수 없는 냉혹한 현실 앞에서 "프로그램 깨진 동공을 뒤적이"거나 "똥파리"가 될 뿐인 자신을, 타자의 시선으로 바라보며 넋을 놓고 있다. 배옥주의 시에서는 사물에 관한, 또 가족과 이웃에 관한 시적 통찰이 가족 사랑의 의식과 융합되어 공감을 불러일으킨다.

「구름을 수리하다」에는 "자꾸 다운되던 아버지의 징후를 백업하지 않은" 시인의 "불찰"을 자책하며, "빗나간 일기예보의 경로를 추적하는 구름수리공 Y씨"를 끌어들여 아버지의 회복에 관한 기원을 자연의 힘으로 치환하고 있다. 특히 "구름에게 한 줄기 빛의 입맞춤을 보내면 하늘의 꽃을 피우게 할 수도 있다"는 시인의 간절한 전언은, 비애의 공간에서 아버지를 벗어나게 하려는 절체절명의 기도다.

「델타δ파」에는 의료사고의 책임을 밝히는 과정에 "변호사, 의사, 레지던트, 똥파리"가 등장하지만 의료사고에 대한 책임의 소재는 밝혀지지 않는다는 화자의 야유적 시각이 포착된다. 시적 조사가 속도감있게 펼쳐져 있고, 동시에 시적 화자의 시각은 의료사고의 실제상을 찾지 못하고 책임을 회

피하는 사회적 모순의 진면목을 능청스럽지만 비장한 어투로 축약하고 있다. 모순의 실상을 끄집어내는 간결한 문장은 놀라운 관찰과 투시력으로 선명하게 다가온다. "의료분쟁"에 뛰어든, "쫓아내도 악착같이 들러붙는 똥파리"가 화근이 되는 현대사회의 모순과 부패 속에서, 절제없이 욕망에 이끌리며 서식하는 현대인의 단면이 잘 드러나 있다. 또한 오늘날의 속도의식도 냉혹한 야유적 어조로 담겨 있어 새로운 시적 관점으로 평가할 수 있다.

>늘 거기까지일 것이다
>나무 선착장이 수평선을 기다리는 일은
>
>섶다리에 귀를 대고
>재갈매기들이 줄지어 엎드려 있다
>먼발치에서 구름이 쉬어가고
>
>기다려본 사람은 안다
>기다림이 끝나는 곳에서 다시 기다림이 시작된다는 것을
>
>부은 발등 위로
>낚싯배들은 하루의 어로를 묶고
>나무섬, 형제섬, 모자섬

가끔씩 섬들이 안부처럼 떠밀려온다

　　다리에 앉아 몰운대를 바라본다
　　수평선 너머로 바람이 내걸리고
　　발끝에 와닿는 밀물
　　두어 발자국의 머뭇거림

　　꼭 그만큼의 거리에서 되돌아서고 만
　　너를 기다리는 일이 그랬다 섶다리처럼

　　　　　　　　　　　　　　―「섶다리에 앉아」 전문

　「섶다리에 앉아」에서 화자의 의식은 머뭇거리는 기다림으로 시화되어 있다. "섶다리," "밀려오는 섬," "섶다리 한편에 줄지어 엎드린 갈매기들," "낚싯배들의 어로," "먼 수평선"은 풍경묘사를 통해 시적 정서를 간접화하는 대상이다. 화자는 대상을 맞이하려는 심연의 소용돌이 속에서 머뭇거리고 "되돌아서야" 할 것을 예감한다. 바다 한쪽에 설치된 나무선착장인 "섶다리"와 기다려도 돌아오지 않는 대상에 대한 기대감이 유기적으로 결합하여 조화를 이루고 있다. "파도," "갈매기," "어선," 모두 돌아오고 있지만 시적 화자만이, 기다리는 대상과의 해후가 이루어지지 않는다는 우리 삶의 내재적 또는 일상적 모순의 인식과 미적 의미가 잔잔

한 감동의 물결을 불러일으킨다. 살아간다는 것은 우리 삶의 내부에 도사린, 아니면 세태 일반에 숨어 있는 모순 그 자체일 수도 있다. 그런데 기다림을 지닌 자아는 그 자체로서 모순의 슬픔이자 동시에 깊은 사랑의 행복이기도 하다. 기다림이 없는 삶은 어쩌면 무의미하고, 아니면 권태와 무감동의 침잠된 부패일 수도 있기 때문이다. 이 모든 것을 초월하려는 또는 초월했다고 가정된 삶은, 아마도 공空을 설파한 초월자의 경지에 머문 존재자일 뿐이다. 보통 사람이 세속적 삶으로 살아가는 데 있어, 기다림의 의식은 미래적 충족을 전망한다.

엄마가 돌을 던져요
돌팔매질은 번번이 내 슬픔을 비켜가요
포플린 치마 속으로 저녁강물이 흘러가고
따라오지 마!
갈라터진 엄마 목소리가
아린 귓바퀴를 흔들어요

엄마는 달의 꽃잎 속으로 사라지고
머뭇거리는 울음이 길바닥에 넘어져요
눈물에선 왜 강물 냄새가 나는 걸까요
굳어버린 발등 위로 기적소리가 달아나요

기차를 삼킨 목구멍이 터널마냥 아득해져요
골목 어귀 흩어진 돌멩이들 반짝이는
별을 툭툭 걷어차며 집으로 돌아와요

아버지는 술병 속에 엎어져 있어요
마루에 쏟아진 아버지를 닦아내요
무릎에 가슴에 흰 몽오리가 맺혀요
한 무더기 바람이 미닫이문을 흔들어요
나는 쇠비름처럼 돋아나는 엄마를 죽여요
달맞이꽃 피는 달의 언덕
수만 송이 내가 노랗게 태어나요

— 「달맞이꽃」 전문

검은 버팔로 세 마리가 날아왔다
말라위 쳇사에서 건너온 항공우편
뽀글머리 아바시 아다는
크리스마스 선물로 보내준
흰 염소보다 키가 크다
분홍치마 밑으로 드러난 새카만 발등
초원을 달리던 발가락들은
아이! 아오! 노래를 흥얼거린다
　- 중략 -

간호사가 되고 싶은 아다는
불룩한 배를 씰룩거리며
하얀 덧니를 드러내며
당신을 사랑한다 고백한다
한 번도 만나 적 없는 내게

— 「아바시 아다의 노래」 부분

「달맞이꽃」에 보인 서정은 그 체험의 내용이 '잃음-얻음,' '기다림-맞이함,' '외로움-기쁨'의 한 부분을 변증적 과정으로 시화하고 있다. 「아바시 아다의 노래」는 이역만리 아프리카의 원주민 소녀를 후원함으로써, 화자의 가슴속 깊이 충전된 연민, 사랑, 그리움을 포괄적인 사랑으로 초월하고 있다. 「단축다이얼 4」를 위시한 작품들은 "사랑의 진정성이나 아픔이 시를 낳는 힘이 된"다는 것을 정제된 감동으로 보여준다.

또한 배옥주의 시에는 불평등하고 파괴되는 문명의 세태를 비판하는 작품이 여러 편 있다. 「팽나무의 실향」, 「비단개구리에 대한 경외」, 「감천문화마을」, 「오후의 지퍼들」 등 일련의 작품들은 그 안에 담긴 전통적, 역사적 삶의 한 심정적 축을 이루는 사물들까지 분별없이 제거하는 데서 오는 비정감이나 몰풍경한 처사들을 지각 있게 분별하고 있어서 주목된다.

재개발지역 벌목이 한창이다

평온한 가족사들 뿌리째 뽑혀나간다


우지끈 숲이 나동그라진다

팽나무어른 눈 부릅뜨고 지켜보신다

— 「팽나무의 실향」 부분


파란 불 켜진 횡단보도

비단개구리 한 마리 건너가고 있다

차들 멈춰선 사이를

가장 느린 걸음으로

가장 절실한 몸짓으로

실크로드를 건너가는 대상처럼

차마고도를 오르는 수도승처럼

사람 하나 건너지 않는 8차선 도로

개구리가 오체투지 가고 있다

그의 수행은

우거진 풀숲을 버리고 아파트 빽빽한

문명의 도시를 관통해 보는 것

천천히 그러나 필사의 힘으로

가끔은 주위에 둘러선 차들을 쳐다보면서

8차선 사막을 휘적휘적 끌고 가고 있다

초개 같이 저를 버리고서야 얻는 구도

잠시 뒤의 죽음을 아는지 모르는지

볕이 비수처럼 내리쬐는 한낮

비단 옷자락을 걷어붙인

붉고 푸른 수행 하나가

뜨거운 설산을 건너가고 있다

─「비단개구리에 대한 경외」 전문

담쟁이넝쿨 휘감은 집들이

공중에 층층 뿌리를 내리고 있다

마당마다 감천항을 들여놓은 동네

오를수록 비상구는 멀어진다


'어둠의 집,' '빛의 테라스' 들은

섬이 되어 표류한다

페인트를 뒤집어쓴 담벼락 위


시큰둥한 문화들이 난바다로 떠도는 프로젝트

─「감천문화마을」 부분


세계는 문명의 절망을 야기하는 공간의 한가운데 놓여 있다. 「팽나무의 실향」에서 재개발지역의 잡목들이 잘려나가는 세태를 바라보는 "팽나무어른"은 삼백년 수령의 보호수다. 팽나무는 "뿌리째 뽑혀나가"는 추락하는 자들의 삶에 화자의 의지를 이입하여 대체 불가능한 삶을 직감하고 있다. "눈 부릅뜨"고 실향을 지켜볼 수밖에 없는 팽나무의 충격은, 집을 잃고 전전긍긍하는 이 시대 난민들의 실상을 잘 보여준다.

「비단개구리에 대한 경외」에서 "횡단보도 파란불을 건너"는 "오체투지"의 "비단개구리 한 마리"는 죽음을 앞세운 슬픔에도 동조할 수 없는, 기계화된 문명의 한 축을 건너가는 "수도승"이자 "대상"이다. 담담한 풍경묘사를 통해 비판적 요소를 간접화함으로써 오히려 현대문명에 대한 비판의식을 고조시킨다. "초개 같이 저를 버리고서야 얻는 구도"에는 "붉고 푸른 수행" 뒤에 기다리는 책임없는 죽음만이 존재할 뿐이다. 비정한 사막 같은 도시의 "뜨거운 설산"이 자연과 생명의 융화를 가로막는 벽이 되는 것이다. 문명의 도시에서 자연과 대척되는 인간들은 "비단개구리 한 마리의 죽음"을 그저 담담하게 지켜볼 뿐이다.

「감천문화마을 」은 자연과 우리의 삶이 산업화 과정의 큰 모순 앞에 직면했음을 실감하게 한다. "감천문화마을"에는 스템프투어를 하는 관광객들이 자신도 모르게 감천마을주민들을 괴롭히게 되는 "난바다 프로젝트"가 표류하는 문화를 은폐한 채 "섬"처럼 떠다닌다. 결국 감천문화마을은 "페인트를 뒤집어쓰고" 알록달록 "문화"라는 이름을 가장한 무늬만 문화마을이 되는 허명인 셈이다. "문화"라는 팻말을 달고 도시개발 프로젝트라는 이름으로 허술하게 직조된 씨실과 날실의 얼룩진 실상을 꼬집고 있다.

>지퍼를 열자 여자들이 쏟아진다
>입 밖으로 뛰쳐나오는 수다들
>아이들이 쏟아지고 남편들이 쏟아지고
>루비똥이 쏟아지고 포르쉐가 쏟아지고
>
>엘콘도파사 속으로 빨려가 회오리치는
>수다들의 향연
>왼쪽으로 저었다가 오른쪽으로 저었다가
>도덕이 쏟아지고 애인이 쏟아지고
>주상복합단지가 쏟아지고 콘도가 쏟아지고
>
>바다가 보이는 카페 '오후 3시'
>나른한 평화가 쏟아진다
>저마다 속내 하나씩 지퍼 안에 감추고
>벌어진 지퍼를 닫을 줄 모르는 지퍼들
>에스프레소를 삼키며 재개발이 쏟아지고

마키아토를 저으며 주식이 쏟아지고

창밖엔 지퍼를 열어
오늘의 갈매기를 날려 보내는 수평선
원피스 속, 어제보다 뚱뚱해진 다리를 감춘 채
오후 3시의 지퍼를 열고
우아하게 걸어 나가는 지퍼들의 뒷굽

―「오후의 지퍼들」 전문

「오후의 지퍼들」은 빠른 속도의 전개로 반복되는 언술들이 경쾌하다. "지퍼"라는 사물탐구에서 발현되는 상상력은 물신에 찌든 현대인의 단면을 집약적 야유로 대변한다. "지퍼들"은 "어제보다 뚱뚱해진 다리"의 원본적인 욕망을 원피스 속에 감추고, "저마다 감춘 속내"를 지퍼 안에 고이 모셔 둔 채 수다의 향연을 즐기고 있다. 오후의 지퍼들은 결코 "지퍼"라는 헤게모니의 세계를 열어서 보여주지 않는다. 현대의 물질성에 찌든 인간의 뚱뚱해진 문명은 쉽게 거세되지 않을 것이다. 지퍼를 연 수평선이 "오늘의 갈매기"를 주도적으로 날려보낼 때에도, 물신주의에 빠져 "우아하게 걸어나가는 뒷굽"들의 퇴장은 우아하고 고상한 주체의 시선으로 마무리되어 지퍼의 배후를 의심하게 된다.

우리의 삶이나 의식의 형성은 향토적 친숙함이나 이웃들

과의 공감되는 관계 및 자연 풍토와의 융합체이다. 자아의 정신적 통일체는 경험이나 교육, 가정의 분위기가 주요한 근거가 되며, 그 주위에 있는 자연 그 자체의 촉각, 시각, 청각, 미각적 경험적 인식과 통합되어 있다. 아울러 제기되는 문명의 문제에 있어서의 지향점은 전통적 가치와 더불어 필수불가결의 다양한 시적확대와 개척인 것이다. 배옥주의 시는 숙련된 말의 경험적 진실을 실현하고 사랑의 의식을 심화시킨다. 사유의 틀에 갇히지 않은 진솔한 경험이, 언어의 체험과 만나 시적 긴장을 유지하는 폭넓은 세계관을 포용하고 있다. 그러므로 시인은 이 시대의 참된 증인이 될 것으로 믿는다.

배옥주
부산 출생
2008년 서정시학 등단
부경대학교 국어국문학과 박사수료
포엠포엠 편집위원
웹진 젊은시인들 동인
부산작가회의 회원
한국시인협회 회원
메일 beaokju@hanmail.net

**서정시학 시인선 74**
## 오후의 지퍼들

2012년 12월 15일 초판 1쇄

지은이 | 배옥주
펴낸이 | 김구슬
펴낸곳 | 서정시학
편　집 | 최진자 · 인차래
인　쇄 | 서정인쇄
주　소 | 서울시 성북구 동선동 1가 48 백옥빌딩 6층
전　화 | 02-928-7016
팩　스 | 02-922-7017
이메일 | poemq@dreamwiz.com
출판등록 | 209-07-99337
계좌번호 | 070101-04-038256(국민은행)

ISBN 978-89-94824-89-5　　03810

값 9,900원

*이 책의 판권은 지은이와 도서출판 서정시학에 있습니다.
　양측의 서면 동의 없이 무단 전재 및 복제를 금합니다.

한국문화예술위원회　부산문화재단　부산광역시
* 본 도서는 2012년 부산문화재단 지역문화 예술지원 육성사업의 일부 지원으로 제작되었습니다.